Walter

JoAnn

Plate 1

Kathy

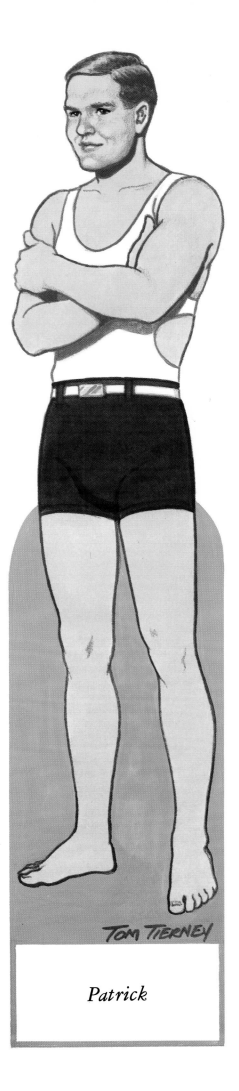

Patrick

Plate 2

Scott

Shannon

Brad

Plate 3

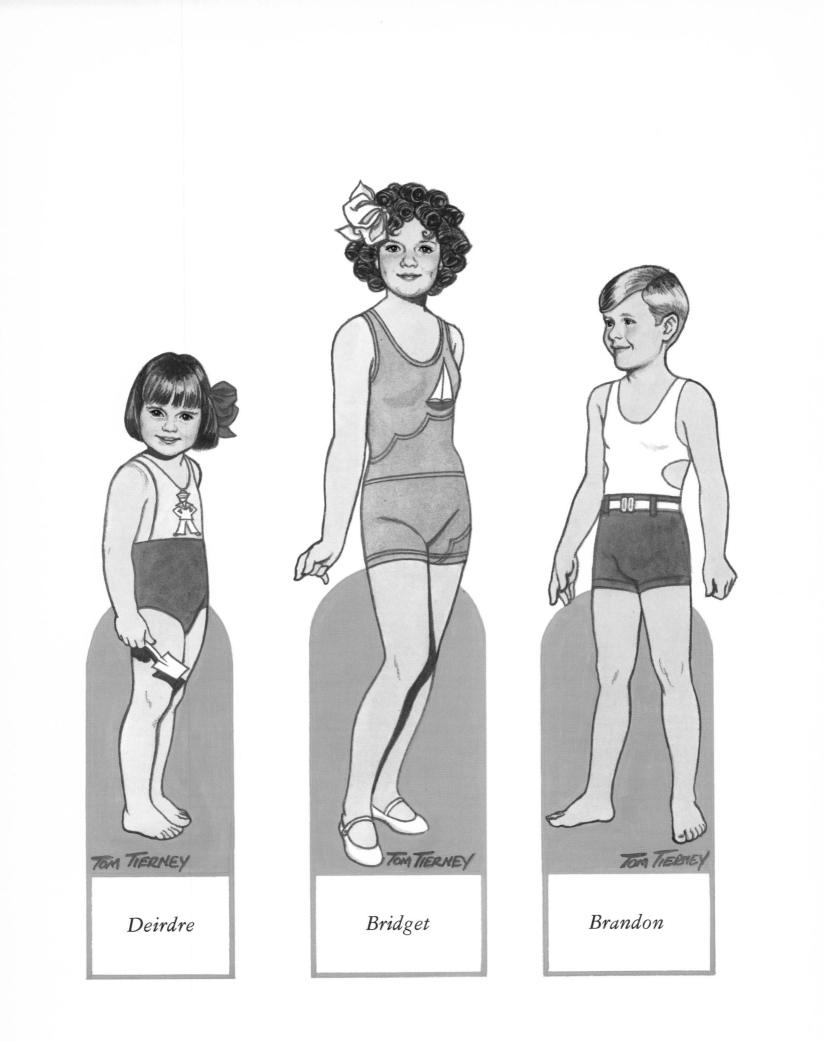

Deirdre

Bridget

Brandon

Plate 4

do not cut out
white area between
arm and body

do not cut out
white area between
arm and body

Plate 5

Sh

Plate 16

Sc

Bg

Bg

Bd

Plate 15

do not cut out
white area
between arm
and body

Plate 14

Plate 13

do not cut out
white area between
arm and body

Bg

Bn

Bn

D

Plate 12

Sc

Sc

do not cut out
white area between
arm and body

Sh

Bd

Plate 11

Plate 10

D

Bg

Bn

Bn

Plate 8

Plate 9

Sc

Sh

Sh

Bd

Plate 7

Plate 6